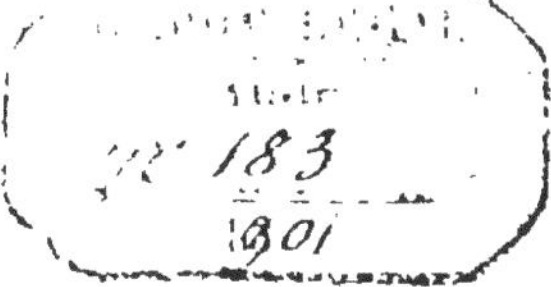

CERCLE CATHOLIQUE DE NARBONNE

1875-1900

RAPPORT

de M. Léonce FAVATIER

SUR L'HISTOIRE DU CERCLE CATHOLIQUE DE NARBONNE

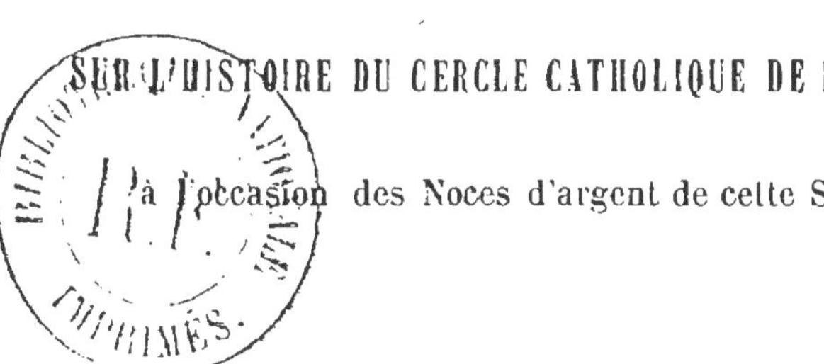

à l'occasion des Noces d'argent de cette Société

25 NOVEMBRE 1900

NARBONNE

IMPRIMERIE CAILLARD, RUE CORNEILLE, 2

1901

Cercle Catholique de Narbonne

1875-1900

RAPPORT

de M. Léonce FAVATIER

SUR L'HISTOIRE DU CERCLE CATHOLIQUE DE NARBONNE

à l'occasion des Noces d'argent de cette Société

25 DÉCEMBRE 1900

NARBONNE

IMPRIMERIE CAILLARD, RUE CORNEILLE, 2

1901

LES NOCES D'ARGENT

DU CERCLE CATHOLIQUE DE NARBONNE.

———

Le Cercle catholique de Narbonne n'a pas cru devoir laisser passer inaperçu le 25ᵉ anniversaire de sa fondation. Un quart de siècle ! C'est un grand espace dans la vie pour une société qui est encore debout au milieu des ruines religieuses accumulées en ces malheureux temps. Il convenait de remercier Dieu et de se réjouir par des fêtes jubilaires.

Pour permettre aux ouvriers d'y assister, ces solennités furent fixées aux dimanches 25 novembre et 2 décembre 1900.

La première de ces deux journées devait être consacrée à rendre à Dieu des actions de grâces; la seconde au souvenir des défunts, bienfaiteurs ou membres décédés du cercle catholique et du Patronage Saint-Joseph.

Monsieur le Vicaire général Cantegril, qui durant son séjour à Narbonne comme archiprêtre de la basilique de Saint-Just, avait donné aux œuvres ouvrières de si nombreux et si précieux témoignages de sa sympathie, voulut bien accepter la présidence de ces fêtes jubilaires comme délégué de sa grandeur Mgr l'évêque de Carcassonne.

Nous ne saurions mieux faire qu'en reproduisant ici le compte-rendu de la première journée publié par un journal de la localité.

PREMIÈRE JOURNÉE.

Le 25ᵉ anniversaire de la fondation du Cercle catholique de Narbonne a été célébré, dimanche dernier, avec un succès qui a dépassé toutes nos espérances.

La messe d'actions de grâces célébrée par M. l'abbé Saunière, aumônier des œuvres ouvrières, a été chantée par les jeunes gens du patronage Saint-Joseph.

A deux heures et demie, pendant que la chapelle se remplit de Messieurs et de dames, venus pour assister à l'assemblée générale, notre ardente jeunesse nous fait entendre le cantique si entraînant des cercles catholiques : *A Jésus ouvrier.*

A trois heures moins le quart, M. le vicaire-général, venu au nom de Mgr l'évêque de Carcassonne pour présider ces fêtes jubilaires, fait son entrée dans la chapelle et prend place au fauteuil de la présidence.

Autour de lui viennent se ranger, avec M. l'archiprêtre de Narbonne et quelques ecclésiastiques, les membres du comité supérieur des œuvres ouvrières.

C'est devant ce magnifique auditoire que M. L. Favatier, après avoir salué en quelques mots bien sentis la présence au milieu de nous du vénérable délégué de Mgr l'évêque, a donné lecture de son rapport sur l'historique du cercle catholique depuis ses origines jusqu'à nos jours.

Travail consciencieux où rien n'est négligé, où les plus petits détails, résultats de longues recherches sont avec soin consignés ; — travail d'historien, inspiré par une franche sincérité et où la vérité trouve toujours sa place ; — travail de philosophe où à tout instant l'auteur échappe à la monotonie d'une sèche monographie, à la froideur de l'analyse, par des réflexions justes autant que profondes et par les considérations les plus élevées qui à chaque instant jaillissent de sa plume ; tel a été ce magnifique rapport dans lequel nous retrouvons d'un bout à l'autre, cette aisance, cette facilité, cette harmonie de style qui sont la caractéristique du talent littéraire du vénérable président des Œuvres ouvrières de Narbonne.

Nous attendons avec impatience la publication de ce rapport, qui a sa place marquée dans la bibliothèque du cercle et du patronage et dont les nombreux amis de nos œuvres savoureront avec plaisir la lecture.

La réunion générale a été clôturée par une allocution pleine d'à-propos de M. le vicaire général.

Après avoir rappelé les quinze années de son ministère à Narbonne, au cours desquelles il avait toujours trouvé au sein du Patronage et du Cercle catholique les plus grandes sympathies, M. le vicaire général nous dit la joie qu'il a éprouvée à se retrouver au milieu de nous.

Reprenant ensuite l'histoire de ces vingt-cinq dernières années, il retrace en quelques mots le bien que nos œuvres ont fait dans le passé à la ville de Narbonne ; et le ton de sa voix s'élevant tandis que grandit l'émotion de son âme, il nous esquisse un rapide tableau des maux dont l'église de France est encore menacée, et en tire cette conclusion logique, c'est que les œuvres ouvrières sont plus nécessaires que jamais et il espère que celles de Narbonne travailleront dans l'avenir avec la même ardeur que par le passé, à résister au flot envahissant du matérialisme, de l'athéisme et prépareront la victoire finale.

Cette allocution a produit sur l'auditoire la plus vive impression.

A quatre heures et demie, devant le Saint-Sacrement exposé, a eu lieu le chant solennel des vêpres de la sainte Vierge.

A l'issue des vêpres et avant la bénédiction du Saint-Sacrement, M. l'abbé Saunière nous a montré en quelques mots que l'œuvre des cercles catholiques était une lutte apostolique, que la fin principale de cette lutte était la restauration de la société chrétienne par l'affirmation et la pratique de la doctrine catholique et que la mission des cercles catholiques, en face d'un avenir si gros d'alarmes, se montrait plus utile, plus urgente aujourd'hui que jamais.

LE BANQUET OUVRIER.

La joie de cette journée contenue par le caractère même du lieu — la chapelle — où nos ouvriers, et nos amis avaient été convoqués, devait éclater le soir et déborder de tous les cœurs dans un grand banquet fraternel.

La salle des fêtes, brillamment éclairée, décorée de drapeaux aux couleurs de la France, avec ses longues tables et ses interminables théories de couverts et de blanches serviettes qui semblaient attendre les convives, présentait un aspect grandiose.

Le spectacle n'était point banal, je vous l'assure.

Deux cents ouvriers ou fils d'ouvriers, venus librement de tous les coins de la ville pour s'asseoir à la même table que nos grands Messieurs, et ces derniers, se montrant tout heureux de se trouver à côté d'eux pour partager leurs agapes fraternelles! Au milieu de l'explosion des haines sociales dont à chaque instant nous sommes les témoins attristés, cette fusion des classes présentait un grand enseignement et chacun se disait tout bas que si cette fraternité de relations pouvait être partout ce qu'elle était là, les choses n'en iraient pas plus mal.

A sept heures précises, M. le vicaire général fait son entrée dans la salle et vient présider la table d'honneur dressée sur la scène du théâtre.

A peine arrivé à sa place la commission des fêtes se présente et, après lui avoir adressé quelques paroles de respectueuse reconnaissance, lui offre un magnifique bouquet.

M. le vicaire général remercie, bénit les tables et le banquet commence et se continue avec une gaieté, une cordialité qui font plaisir à voir.

Le dessert est servi, le vin blanc pétille dans les verres, c'est l'heure des toasts que la foule des convives va souligner de ses applaudissements.

M. L. Favatier, président des Œuvres ouvrières se lève le premier et en termes forts délicats, porte la santé du Souverain-Pontife, de Mgr l'évêque de Carcassonne et de M. le vicaire général.

M. le comte de Beauxhostes lui succède comme délégué du comité supérieur à la direction du Cercle catholique et, dans une vibrante allocution, il nous montre que quelles que soient les divisions qui les séparent, tous les citoyens devraient pouvoir se rencontrer et s'unir sur un terrain commun, sur un fond d'idées communes : la religion, la famille et la patrie. Il lève son verre à la conciliation des classes pour l'amour de la France à laquelle il faut savoir tout sacrifier.

M. Trouquet, président du Cercle catholique, prend ensuite la parole. Après avoir rappelé que les œuvres ne se maintiennent et ne se développent que par le dévouement et la persévérance, il porte la santé des deux hommes qui, par leur dévouement et leur persévérance, ont le plus contribué au maintien et à la prospérité du Cercle, M. le comte de Beauxhostes et M. Favatier.

Les jeunes gens du Patronage qui, toute la journée, avaient été sur la brèche et qui, par leurs chants et leur entrain, avaient jeté tant d'éclat sur nos fêtes jubilaires, devaient avoir eux aussi, leur tour de parole.

Ils avaient délégué à cet effet leur camarade le plus ancien, M. Vivarel. Celui-ci s'excuse et prétend que ce n'est qu'au privilège de l'âge qu'il doit cet honneur, alors que chacun sait que par ses bons sentiments, son dévouement absolu et son profond attachement au patronage, il était tout indiqué pour cela. M. Vivarel s'exprime en termes simples et bien sentis et se rappelant que l'union fait la force, il boit à l'union des deux œuvres, le Cercle et le Patronage, qu'abrite le même toit et que dirigent les mêmes dévouements.

Les toasts sont un moment interrompus pour donner le temps de servir le café;

Et lorsque le café fume dans les tasses et que le coup de l'étrier roussit les petits verres, M. l'abbé Saunière prend la parole; rappelant brièvement les services rendus à la classe ouvrière par l'Église catholique, depuis l'esclavage païen jusqu'à nos jours, il n'a pas de peine à démontrer, l'histoire en main, que la religion et le clergé sont les meilleurs amis de l'ouvrier; voilà pourquoi il lève son verre en l'honneur des ouvriers chrétiens.

Le banquet touche à sa fin, déjà les cigares s'allument, et chacun éprouve le besoin de sortir de l'atmosphère surchauffée de la salle, par tant de convives, pour aller rafraîchir ses poumons au contact de l'air pur.

C'est le moment de la clôture, Monsieur le vicaire général, en quelques mots qui partent du cœur, adresse des remerciements à tout le monde, il nous renouvelle la joie qu'il a éprouvée de se trouver au milieu de nous ; il nous dit que si Monseigneur n'avait pas été retenu par le mauvais état de sa santé, il n'aurait laissé à personne le soin de venir présider nos fêtes jubilaires, et nous donne ensuite ses meilleurs encouragements pour l'avenir.

DEUXIÈME JOURNÉE ET CLÔTURE.

La deuxième journée devait être, nous l'avons dit, consacrée au souvenir des membres décédés de nos œuvres, et à prier pour le repos de leur âme.

La messe de huit heures fut célébrée à leur intention devant une foule pieuse et recueillie venue là pour unir ses prières à celles du prêtre.

Durant la journée on avait cravaté de deuil la bannière du Cercle, le drapeau du Patronage, érigé un catafalque et revêtu l'autel de ses ornements funèbres.

Le soir à quatre heures et demie, devant une foule immense on chanta les vêpres des morts, et on donna l'absoute solennelle.

Monsieur l'abbé Saunière, prenant une dernière fois la parole, donna à cette imposante cérémonie sa véritable signification. Il nous montra le prix des larmes et des regrets, le prix des honneurs funèbres, le prix du souvenir ; trois sortes d'hommages que nous rendons à nos chers défunts. Mais après nous avoir dit ce que valaient ces hommages, il nous a dit ce qu'ils ne valaient pas, en nous montrant que la prière seule peut franchir le seuil de l'éternité, et atteindre le lieu inaccessible où gémissent les âmes, pour leur apporter le repos, la lumière et la joie.

Quelques instants ont suffi pour enlever catafalque, ornements et draperies funèbres.

Devant l'autel paré comme aux grands jours de fêtes, tout éclatant de lumière, devant le St-Sacrement exposé, a eu lieu la consécration solennelle du Cercle catholique et du Patronage au Sacré-Cœur de Jésus.

Après le *Te Deum* et la bénédiction solennelle du Saint-Sacrement, la cérémonie s'est terminée par le cantique populaire des ouvriers, chanté avec le plus grand enthousiasme :

> Quand Jésus vint sur la terre
> Ce fut pour y travailler etc...

Telles ont été dans leurs grandes lignes, ces inoubliables journées, ces fêtes jubilaires, dont on connaîtra mieux encore l'esprit et la portée par le rapport de M. L. Favatier, président des œuvres ouvrières.

RAPPORT DE M. L. FAVATIER

SUR

l'Histoire du Cercle Catholique de Narbonne

LU A L'ASSEMBLÉE DES NOCES D'ARGENT

le 25 novembre 1900.

MONSIEUR LE VICAIRE GÉNÉRAL,
MESDAMES,
MESSIEURS,
MES CHERS CONFRÈRES,

Vingt-cinq ans sont passés depuis la fondation du Cercle catholique d'ouvriers de notre ville de Narbonne. Un quart de siècle ! C'est un grand espace dans une vie humaine ; c'est aussi un grand espace dans la vie des Sociétés. Voilà pourquoi des époux qui ont passé vingt-cinq ans, dans une union bénie de Dieu, fêtent cet anniversaire dans leurs noces d'argent. — Les sociétés qui ont pu pendant le même temps, accomplir leurs œuvres sans défaillance, et sont encore debout au milieu des ruines accumulées autour d'elles, ont bien le droit de se réjouir. Cet usage a d'ailleurs été consacré par l'Église dans l'établissement de ces jubilés, où elle ouvre chaque 25 ans, à ses enfants, les plus larges sources de ses grâces et de ses bénédictions.

Aujourd'hui nous célébrons les noces d'argent du Cercle catholique de Narbonne; c'est donc un véritable jubilé, un jour de joie et de reconnaissance envers Dieu, qui a étendu sur nous cette longue protection.

Jubilemus Deo.

Mais ce doit être aussi pour nous un jour de recueillement. Nous devons, sous l'œil de Dieu, jeter ensemble un regard sur cette longue marche de vingt-cinq ans, qu'il nous a permis de faire dans la voie ouverte devant nous; mesurer le chemin parcouru et apprécier le résultat de nos efforts. C'est ce que je voudrais faire avec vous aujourd'hui.

Seulement j'ai ici un double écueil à éviter. Si je déroule devant vous avec trop de complaisance tout le bien dont vous avez été les libres instruments dans la main de Dieu; ne courrai-je point le danger de vous inspirer une stérile présomption, et surtout de vous ravir la seule récompense digne de vos travaux, par cette louange vaine, dont il a été dit dans l'écriture: *Receperunt mercedem suam, vani vanam.* — Si au contraire, vous mettant en face de la Société moderne, je vous demande un compte trop sévère des œuvres que vous avez négligées; ne risqué-je point de vous inspirer un découragement tout aussi dangereux et non moins stérile que la présomption?

Mais je parle à des chrétiens capables d'entendre la vérité, et laissant de côté toute habileté de langage, c'est la vérité seule que j'appellerai à mon aide.

C'était en 1871, après nos désastres et les horreurs de la Commune, en face des sombres abîmes, où la France avait failli périr. Deux jeunes officiers, émus des malheurs et des dangers de la patrie, songèrent à la remener dans les voies chrétiennes : estimant que là seulement elle pourrait trouver son relèvement et la paix sociale qui pouvait seule lui rendre les prospérités et les gloires passées. C'est dans ce but, qu'avec l'aide de quelques hommes dévoués comme eux aux vrais intérêts du peuple, ils fondèrent l'œuvre des cercles catholiques d'ouvriers.

Le premier cercle fut fondé à Paris en 1873 ; et l'œuvre marcha d'abord si rapidement, que dans moins de deux ans 110 cercles étaient fondés, soit à Paris, soit en province, groupant 12,000 ouvriers sous la bannière catholique.

C'est à cette époque, en 1875, que nous songeâmes à établir l'œuvre dans notre cité. Le 16 avril, 23 hommes de bonne volonté se réunirent et décidèrent d'organiser un comité pour la fondation d'un cercle catholique d'ouvriers. Sur ces 23 membres présents à la première heure, la mort a fait son œuvre. Dans ce quart de siècle 17 ont été rappelés à Dieu, un autre, un prêtre, a été appelé à exercer son ministère dans une paroisse voisine de Narbonne, cinq font encore partie de l'œuvre, et s'en occupent à des degrés différents.

Au même moment un des deux jeunes officiers qui avaient eu la première pensée de cette œuvre, M. le comte Albert de Mun, capitaine de cuirassiers, entreprenait un véritable voyage d'apostolat, pour la faire connaître et la propager dans toute la France.

Cinq jours après notre première réunion, le 22 avril M. de Mun était à Béziers, qui nous avait devancé dans la fondation d'un cercle. Plusieurs de nous s'y rendirent, pour entendre le soldat apôtre et nous renseigner auprès de lui sur les meilleurs moyens d'établir l'œuvre parmi nous.

Malgré ce qu'il peut y avoir de personnel, laissez-moi vous dire que j'étais de ce voyage à Béziers, et huit jours après j'en faisais le compte-rendu dans des termes, que je vous demande la permission de répéter parce qu'ils me paraissent rappeler le but et le caractère de l'œuvre, telle que nous la comprenions alors, les sentiments dont nous étions animés, et aussi hélas! les espérances trop ambitieuses que nous avions conçues.

« Jeudi dernier, écrivais-je, une assemblée nombreuse
« et diverse se pressait dans une vaste salle du pen-
« sionnat des frères de Béziers : des hommes du
« monde, des dames, des ouvriers, des vieillards et
« des jeunes gens, des prêtres et des soldats, tous
« étaient là suspendus aux lèvres d'un orateur dont la
« parole ardente et convaincue ne savait point se lasser
« et ne lassait point son auditoire. C'est qu'il y avait
« dans cette parole si fière et si persuasive, et l'accent
« de l'apôtre, et l'accent du soldat : puis M. le comte
« de Mun nous parlait d'une grande cause qui touche
« aux intérêts les plus dignes de faire battre nos cœurs
« de Chrétiens et de Français, les intérêts de l'Eglise
« et les intérêts de la patrie. Il ne les sépare pas, nous

« ne voulons pas non plus les séparer dans notre
« amour.

. . . .

« On peut résumer ainsi l'œuvre de M. de Mun en
« deux mots. Rendre aux classes dirigeantes, c'est-à-
« dire à l'aristocratie de la science et de la fortune, le
« sentiment trop oublié des devoirs que Dieu leur
« impose vis à vis de ceux qui sont moins favorisés du
« côté des richesses ou du développement intellectuel.
« Rendre le peuple, les ouvriers qui vivent chaque
« jour du travail de leurs mains, à l'Eglise catholique
« leur mère, seule assez vigilante et assez forte pour
« les défendre contre les menées perfides de ceux qui
« ne les flattent que pour en faire le marche-pied de
« leurs ambitions malsaines.

« Pour tout dire, en un mot, il y a dans notre société
« moderne, un grand absent, un absent dont l'éloigne-
« ment a produit des vides qui sont des abîmes, c'est
« Dieu. Son retour peut seul combler ces abîmes.
« Depuis quatre-vingts ans il frappe en vain à la porte ;
« il faut enfin la lui ouvrir, sous peine de périr à
« jamais.

« C'est à ouvrir cette porte que *l'Œuvre des Cercles*
« *catholiques* veut travailler de toutes ses forces. Et
« pour cela elle s'adresse d'abord à ceux que l'on
« appelle aujourd'hui les classes dirigeantes, leur
« rappelant énergiquement tout ce que ce titre impli-
« que de devoirs et de responsabilités. Vous avez reçu
« de Dieu, leur dit-elle, la fortune, l'instruction, la
« naissance, ce n'est pas pour en jouir solitairement
« au profit de vos passions, de vos vanités, de vos jouis-

« sances matérielles. On disait autrefois : « Noblesse
« oblige ». Maintenons la devise, mais élargissons-la,
« et disons aussi : Fortune oblige, Science oblige.
« Vous devez vous servir de tous ces dons au profit de
« vos frères et les faire retourner ainsi à Dieu leur
« auteur. De cette façon lorsque vous vous présenterez
« devant lui, vous n'aurez pas à redouter le compte
« sévère qu'il demandera à ceux qui auront négligé
« de faire fructifier les talents qu'il leur a confiés.
« Unissons-nous donc dans une sainte et patriotique
« croisade contre les doctrines perverses, qui, en prê-
« chant le néant et l'athéisme pratique, sapent les
« bases même de toute société, croisade pacifique, dont
« les seules armes seront l'amour, le sacrifice et le
« dévouement.

« Puis s'adressant aux ouvriers, l'œuvre leur mon-
« tre le glorieux passé de la France chrétienne dont on
« voudrait leur faire tout haïr : elle leur montre ces
« corporations puissantes et respectées qui avaient leurs
« règles, leurs privilèges, leurs dignitaires, leurs tra-
« ditions, leur histoire, et jusqu'à leur blason, qu'elles
« gardaient avec un soin jaloux, pur de toute atteinte
« et de toute souillure. Elles avaient toutes un protec-
« teur dans le Ciel, et sur la terre des fêtes, fêtes chré-
« tiennes où Dieu n'était pas oublié, où l'ouvrier levait
« vers le Ciel ses regards fatigués qu'un labeur quoti-
« dien courbait vers la terre. Ces fêtes valaient bien les
« fêtes modernes qui n'ont d'autre horizon qu'une salle
« de bal ou les murs d'un cabaret.

« On a brisé tout cela sous prétexte de liberté, l'ou-
« vrier est aujourd'hui seul, désagrégé, à l'état d'indi-

« vidualisme, à la merci du premier agitateur qui
« flatte ses passions et ses vices, pour le jeter dans des
« aventures dont l'issue fatale est le déshonneur ou la
« mort.

« Les ouvriers sentent cette faiblesse et tentent d'y
« échapper par l'association. De là, le succès relatif de
« l'Internationale et des sociétés secrètes. Mais toutes
« ces associations faites par des hommes sans foi,
« n'ayant pour principe que des négations, et pour
« lien que la haine et l'antagonisme des classes socia-
« les, ne peuvent produire que des luttes sanglantes,
« des ruines et la mort.

« Il est temps qu'une association chrétienne vienne
« arracher la classe ouvrière à ces sociétés ténébreu-
« ses, tout en donnant satisfaction à ce légitime besoin
« des ouvriers de se grouper et de s'unir. C'est ce que
« veut faire l'*Œuvre des Cercles*. Vous êtes isolés, leur
« dit-elle, sans lien, sans un centre commun, sans doc-
« trine, sans enseignement ; et lorsque vous allez cher-
« cher cela dans les sociétés occultes vous n'y trouvez
« que la haine et la guerre. Ah ! croyez-nous, la haine
« n'a jamais rien fondé. Pour nous, nous vous offrons
« un centre, c'est le Cercle catholique ; nous vous
« offrons un lien, c'est la foi chrétienne qui nous fait
« tous frères en Jésus-Christ, et nous ordonne de nous
« aimer les uns les autres ; nous vous offrons une doc-
« trine, c'est la doctrine de l'église catholique, la doc-
« trine d'un Dieu mort pour vous, qui a voulu passer
« sur la terre en travaillant de ses mains comme vous,
« afin d'ennoblir, de diviniser le travail, dont les doc-
« trines modernes ont fait pour vous la plus dure des

« servitudes. N'est-il pas vrai que ce labeur incessant
« qui vous tient penchés vers la terre, sans trève ni
« merci est aussi contraire aux lois de la nature, qu'à
« la loi de Dieu ? N'est-il pas vrai que le corps s'use,
« le cœur se dessèche, l'âme se matérialise à ne respi-
« rer que cette atmosphère purement matérielle ? Venez
« à la chapelle du cercle élever vos regards plus haut,
« une fois par semaine au moins. Vous y apprendrez
« que vous êtes au même titre que les plus grands de
« ce monde, les frères de ce Dieu, devant lequel le
« rabot de saint Joseph, ouvrier comme vous, brille
« plus que la couronne du plus fier potentat. Vous y
« apprendrez ainsi votre grandeur, votre dignité, le
« respect de vous-même, votre vocation immortelle.
« Comparez ces doctrines avec les doctrines perverses
« qui veulent nous assimiler à la brute dont on jette le
« corps à la voirie sans honneurs et sans prières.

« Ainsi l'*Œuvre des Cercles* veut grouper toutes les
« classes de la Société, dans une harmonieuse unité,
« sous l'œil de Dieu et de notre Sainte Mère l'Eglise
« catholique ».

Voilà le programme au nom duquel nous fîmes appel
aux hommes de cœur désireux de remplir dans leur
intégrité leurs devoirs de chrétiens et de français. Cinquante environ répondirent à notre appel.

Immédiatement le Comité se constitua sous la présidence de M. le docteur Joseph de Martin père. Il con-
serva cette position jusqu'au mois de février 1877, où
il la quttta à cause de son âge avancé ; mais il resta
toujours profondément attaché à notre œuvre, qu'il
aida jusqu'à la fin de ses libéralités, et pour laquelle il

eût même un souvenir dans ses dispositions testamentaires. Il fut remplacé par M. Auguste de Stadieu, juge de paix à Narbonne.

Le premier secrétaire du comité fut le contre-amiral Lamothe-Tenet, je dois constater que dans l'économie de l'œuvre, le secrétaire en est l'âme, la véritable cheville ouvrière. Aussi cette position convenait-elle admirablement à l'âme ardente de notre confrère, qui eût donné certainement à notre œuvre l'impulsion réclamée par son programme. M. Lamothe fut également le premier directeur du cercle. Malheureusement une année n'était pas écoulée que son service le rappelait à Toulon. Je lui succédai comme secrétaire, sans avoir la prétention de le remplacer. M. le comte de Beauxhostes le remplaça dans la direction du cercle. Du reste la retraite de M. l'amiral Lamothe n'était que temporaire et nous le retrouverons en 1882 ayant repris les fonctions de Directeur du cercle. — M. Victor Brenguier fut le premier trésorier de l'œuvre, mais il ne tarda pas à décliner cette fonction. Consacré tout entier aux œuvres hospitalières de notre ville, M. Brenguier ne crut pas pouvoir remplir les fonctions actives qu'il avait assumées, mais il resta attaché de cœur à l'œuvre dont il fut le bienfaiteur jusqu'à la fin de sa vie.

Enfin, le premier aumônier du cercle fut M. l'abbé Andrieu, aujourd'hui le vénéré archiprêtre de Saint-Just, qui dans cette haute position nous continue l'appui de sa bienveillance et de ses sympathies, et dont je suis heureux de saluer avec une respectueuse reconnaissance la présence aujourd'hui à notre réunion. Lui aussi resta peu de temps au milieu de nous. Appelé

à un autre poste en 1877, il fut remplacé par M. l'abbé
Guilhem.

Le Comité, constitué, se mit aussitôt en devoir de
recruter des adhérents dans la classe ouvrière et de
rédiger le règlement du cercle. Le 6 juin 1875 quarante
ouvriers avaient donné leur adhésion. Le 12 du même
mois le règlement était rédigé, accepté et envoyé à
l'approbation de l'autorité civile par MM. de Martin
père, président, contre-amiral Lamothe, secrétaire,
Victor Brenguier, vicomte de Chefdebien, président
de la section d'enseignement, tous les quatre disparus
aujourd'hui, le comte de Beauxhostes, président de la
section de fondation et votre rapporteur, président de
la section de propagande qui assumaient la responsa-
bilité de la fondation au point de vue légal. Nos signa-
tures furent légalisées par M. Vié-Anduze, maire de
Narbonne et membre du Comité.

Ces formalités étaient nécessaires pour obtenir l'au-
torisation d'ouvrir le cercle.

En effet, un arrêté préfectoral daté de Carcassonne
le 27 août 1875, autorisait la société constituée sous le
nom de *Cercle catholique d'ouvriers* à se réunir dans la
ville de Narbonne.

A partir de ce moment, le Cercle catholique était
légalement constitué, et pouvait se réunir dans les
locaux mis gratuitement à sa disposition par la *Société
d'éducation et d'enseignement*, avec une générosité qui
ne s'est jamais démentie depuis 25 ans. Il est de toute
justice d'adresser nos plus vifs remerciements et l'ex-
pression de notre reconnaissance à cette société, qui a
contribué ainsi pour la plus large part à la fondation
de notre œuvre.

Dans la réunion du Comité du 5 septembre 1875, M. Lamothe-Tenet, directeur du Cercle, rendait compte de la première réunion d'ouvriers : « qui a été très « satisfaisante et promet une ouverture du Cercle « très brillante ». Cette ouverture eut lieu le 12 du même mois. Immédiatement un conseil intérieur provisoire fut installé jusqu'à la nomination du conseil intérieur réglementaire, qui fut faite le 19 décembre suivant. M. Antoine Carme, ancien boucher, fut nommé président du Cercle. Il a conservé cette honorable fonction jusqu'à sa mort arrivée en 1888. Tous ceux qui l'ont connu savent avec quel zèle, avec quel dévouement qui ne s'est jamais lassé, il s'était consacré à ces fonctions, que ses confrères lui ont toujours maintenues, toujours prêt à se donner tout entier.

Sous son impulsion et celle de son zélé et ardent directeur, l'œuvre faisait dès le début de réels progrès dans les voies chrétiennes. Dès le mois de décembre qui suivit l'ouverture du Cercle, une mission fut donnée par le P. Exupère, capucin, pour préparer les ouvriers du Cercle aux fêtes de la Noël. A cause de l'exiguïté de la première chapelle du Cercle, les exercices de la Retraite eurent lieu dans la chapelle des Pénitents bleus. Mgr Leuilleux, alors évêque de Carcassonne, voulant donner à l'œuvre naissante le témoignage d'une auguste sympathie, apporta l'honneur de sa présence à l'un de ces exercices, avec la puissance de ses bénédictions. Lorsque de nombreuses voix énergiques et mâles eurent entonné le cantique des cercles, avec son beau refrain : *Espérance de la France, ouvriers soyez chrétiens,* Mgr ne put maîtriser son émotion et nous dit

toutes les espérances que ce beau spectacle faisait naî-
tre dans son âme de pontife et de père.

L'œuvre ne craignait pas alors de manifester publi-
quement sa foi. Il avait été décidé que les ouvriers du
cercle assisteraient bannière en tête aux fêtes patrona-
les des diverses paroisses, aux processions de la fête-
Dieu et aux funérailles de leurs camarades.

En juillet 1876, cent ouvriers environ accompa-
gnaient un de leurs confrères à sa dernière demeure.

A la procession générale du Très-Saint-Sacrement,
notre bannière avait sa place marquée, s'agitant joyeu-
sement au souffle de la liberté, et tous se disputaient
l'honneur de la faire flotter fièrement à travers les rues
et les places de la cité.

Je me souviens d'une fête patronale de saint Sébas-
tien, l'héroïque soldat notre compatriote. La bannière
avait été portée par le président M. Carme, qui n'avait
voulu céder cet honneur à personne. Après la cérémonie nous rentrâmes tous au Cercle, ouvriers et membres du Comité, escortant notre bannière, comme les
soldats escortent le drapeau. Arrivé dans la cour nous
nous rengeâmes autour de notre étendard ; et M. Carme,
un simple ouvrier sans lettres, mais un ferme et
ardent chrétien, trouva dans son cœur des paroles
vibrantes d'éloquence et de foi pour saluer notre bannière.

C'étaient, si je puis dire, les temps héroïques du
Cercle.

Vers la même époque s'ouvrait à Toulouse le premier congrès régional de l'œuvre. Il fut nombreux et
brillant. Pendant trois grandes journées, quatre à cinq

cents hommes de bonne volonté, accourus de tous les points de la zone du sud-ouest, étudièrent dans la paix et sous l'œil de Dieu, les moyens de résoudre chrétiennement cette question sociale, toujours suspendue sur la tête de nos sociétés modernes, sous la forme d'une interrogation formidable, et prête comme le sphinx antique à dévorer ceux qui ne pourront deviner ses énigmes. Trois membres du Comité de Narbonne prirent part à ces grandes assises de la sociologie chrétienne.

L'éloquence y eut sa grande part dans la personne de M. de Mun, l'apôtre enflammé de l'œuvre, dont la parole brève et ardente étincelait comme l'éclair d'une épée. M. de Mun nous montrait ceux qui le suivaient dans sa courageuse guerre à l'esprit révolutionnaire anti-chrétien, comme ces troupes d'élite qui vont marcher au combat. Il y a sur leur mâle visage une gravité austère, comme la conscience d'une grande mission à remplir. On ne sait s'ils vont au triomphe ou à la défaite, mais on est sûr qu'ils vont au combat et qu'ils n'y failliront pas.

Le jour de la clôture, les membres du congrès se réunissaient aux ouvriers du Cercle, le matin à Saint-Étienne et le soir à Saint-Sernin. A Saint-Étienne 1,200 hommes s'approchaient de la Sainte Table, et après avoir prié sur le pavé du temple ils se relevaient pleins d'ardeur et de courage : et le soir à Saint-Sernin 2,000 voix mâles faisaient retentir les échos de la basilique du champ du *Magnificat*, ce chant glorieux du triomphe de l'humilité qui convient si bien à une œuvre chrétienne.

Hélas! aux souvenirs de foi et d'espérance un peu déçus depuis, qu'évoque le congrès de Toulouse, vient se mêler pour nous un souvenir cruellement douloureux. Le 28 janvier à Saint-Sernin j'étais à côté d'un de nos plus vaillants confrères, le vicomte de Chefdebien qui avait embrassé l'œuvre avec une ardeur toute chevaleresque ; quelques jours après, le 15 février, il nous était enlevé tout d'un coup, brisé sur le pavé d'un grand chemin. En voyant tomber ainsi, par une mort tragique, l'un des plus fermes soutiens de notre œuvre encore si jeune et si chancelante, j'éprouvai, je l'avoue, la tentation du découragement, et j'y aurais certainement succombé, si je n'avais eu auprès de moi un ami que rien n'abat, et dont l'âme vaillante ne connaît pas de défaillances.

J'ai parlé d'espérances déçues : le jour n'était pas loin en effet, où les temps héroïques passés, nous allions entrer dans l'ère des difficultés.

Déjà nous avions essayé en vain de former une association de patrons chrétiens. Nous aurions voulu pouvoir offrir à nos ouvriers des ateliers où leur foi eût été respectée, où ils ne fussent pas en butte à la dérision et à l'outrage, trop souvent à de véritables persécutions, même de la part des patrons eux-mêmes, qui aveuglés par leurs passions sectaires, ne comprenaient pas qu'en arrachant leurs ouvriers au Christ, ils les jetaient dans les bras du socialisme le plus brutal. Après quelques tentatives infructueuses, il fallut renoncer à cette association.

Nous fûmes un peu plus heureux pour l'établissement des dames patronesses. L'œuvre voulant travailler à l'union et à la paix sociale et grouper toutes les familles chrétiennes, avait décidé l'établissement d'une Société de dames qui devaient se mettre en relations d'amitié et d'union avec les familles ouvrières, et surtout favoriser l'établissement d'ateliers chrétiens, dont les patronnes s'engageraient à respecter et faire respecter sévèrement les lois de la morale, et aussi les lois de l'Eglise, en particulier le repos dominical. En 1879 cinquante dames ou demoiselles répondirent à notre appel. Malheureusement le programme de l'œuvre ne fut point rempli ; leur concours fut borné à un apport financier. Certes nous ne le dédaignons pas. Si l'argent est le nerf de la guerre, il est aussi le nerf des œuvres ; mais nous avons toujours regretté qu'on n'ait pas établi ces ateliers chrétiens. C'est là seulement que les jeunes filles peuvent conserver cette fleur de pureté et d'innocence sans laquelle plus tard la mère de famille n'a pas cette auréole de majesté qui seule commande l'amour, le respect et l'obéissance.

Cette œuvre existe à Carcassonne où, sous des impulsions généreuses et dévouées, elle a parfaitement réussi, et donne les fruits les plus consolants. Pourquoi cette pensée ne serait-elle pas reprise à Narbonne ?

L'association des dames patronesses de Narbonne était constituée par dizaines. Sauf une dizenière entrée en religion, toutes les autres sont mortes, et l'association a disparu avec ces âmes d'élite. Pourquoi ne reconstituerait-on pas une nouvelle association qui irait jusqu'au bout de sa mission ?

L'œuvre continuait sa marche au milieu des difficultés qui se dressent toujours devant les œuvres naissan-

tes. Des symptômes inquiétants se produisaient déno-
tant autour de nous une sourde hostilité. Les faibles et
les timides hésitent et une délibération du 7 juillet 1878
constate que le nombre des ouvriers du Cercle a diminué. Cette diminution est attribuée à la mort ou au
départ de quelques membres; et aussi, hélas! à la défec-
tion de quelques autres.

Bientôt les manifestations extérieures de notre foi
nous furent interdites. Nos rues et nos places publi-
ques sont ouvertes à toutes les audaces, à toutes les
hontes, à tous les scandales. Les mascarades les plus
ridicules ou les plus ignobles peuvent impunément les
parcourir: Dieu seul n'en a pas le droit. — Lui, le
maître souverain qui nous donne l'air que nous respi-
rons et la lumière qui nous éclaire, lui qui fait lever
chaque jour son soleil sur les bons et sur les méchants, il
n'a pas le droit de venir au grand jour de la vie publi-
que, nous apporter ses bénédictions; et s'il veut franchir le seuil de ses temples, il trouvera devant lui un
homme de police pour le sommer insolemment d'y ren-
trer. Voilà où nous en sommes encore aujourd'hui : et
cependant les grands mots d'égalité et de liberté sont
toujours inscrits sur tous les édifices publics.

Heureusement dans notre cher pays de France, il y
a encore quelques coins de terre privilégiés, où l'on
respire un air plus libre, Au mois d'août 1883, le cercle
prenait part au grand pélerinage des cerles catholiques
à Lourdes. Ce jour-là, par un soleil brillant, en face
des cimes majestueuses des Pyrénées, au bord de ce
gave qui roule des flots tumultueux et troublés, comme
les années de ce siècle, 300 bannières escortées de

3,000 ouvriers accompagnés des chefs de leurs comités défilèrent devant la grotte de Massabielle, sous la conduite de leur vaillant chef, le comte Albert de Mun. Ceux qui passaient ce jour-là à Lourdes, allant à leurs affaires ou à leurs plaisirs, se demandaient avec étonnement quelle était cette armée qui défilait ainsi bannières déployées. C'était vraîment une armée, l'avant-garde de la France chrétienne, qui envoyait à Lourdes l'an dernier 50,000 hommes, l'avant-garde de l'armée qui, à force de dévouement, de sacrifices et d'abnégation, rétablira dans notre chère patrie, il faut toujours l'espérer, le règne social de Notre Seigneur Jésus-Christ.

Ce n'était pas d'ailleurs la première fois que notre bannière allait saluer la Reine du Ciel, dans son sanctuaire le plus illustre. Vous l'y aviez déjà conduite quatre ans auparavant en 1879, vous l'y conduisiez encore quatre ans après, au mois de mai 1887. Un mois après, le 5 juin, le Cercle, le Patronage, le Comité la conduisaient dans un sanctuaire moins illustre, mais qui nous touche de plus près, à Notre-Dame de Magri.

Vous ne vous êtes pas arrêtés là. Vous avez franchi la frontière et vous êtes allés incliner votre bannière devant le grand pape qui, depuis plus de vingt ans gouverne l'Église avec une autorité et une majesté que ses adversaires eux-mêmes ne peuvent qu'admirer. Vous savez avec quelle cordiale aménité, quelle affectueuse familiarité Léon XIII a reçu les délégués du Cercle ou du Patronage : et certainement aucun d'eux ne me démentira, si je dis qu'ils ont gardé un souvenir inoubliable de leur entrevue avec le Souverain-Pontife de l'Église universelle.

En résumé, le Cercle ou le patronage ont pris part à toutes les grandes manifestations catholiques, qui ont eu lieu à Lourdes ou à Rome.

L'œuvre ne devait pas se borner à offrir aux ouvriers une chapelle et un lieu de réunion pour leur association.

L'article 53 du règlement porte que : « diverses ins-
« titutions pourront être établies dans le Cercle et
« offertes à ses membres, savoir :

« 1° Des institutions économiques ;

« 2° Une bibliothèque composée d'ouvrages de litté-
« rature, d'histoire, d'arts et de sciences appliqués à
« l'industrie ; des journaux, revues et publications
« spéciales pour les corps d'états ;

« 3° Des conférences scientifiques et littéraires ;

« 4° Une conférence de charité pour l'assistance des
« pauvres à domicile ».

Cet article n'est pas resté lettre morte.

Dès 1876 l'œuvre s'occupait de procurer le pain à prix réduit aux ouvriers du Cercle. Cette pensée prit un corps dans une véritable institution économique, portant le nom de *Caisse de la boulangerie*. Ce n'est pas le lieu de détailler le mécanisme d'une institution, qui aurait pu peut-être, devenir une source de prospérité pour la vie matérielle du Cercle. Pour divers motifs et surtout la faillite du boulanger auquel les fonds de la Caisse avaient été confiés sous forme d'avances, elle a cessé d'exister. Mais l'œuvre n'a jamais cessé sous une forme ou sous une autre de fournir du pain aux ouvriers du Cercle à un prix avantageux.

Des tentatives ont été faites à plusieurs reprises pour leur fournir également à de bonnes conditions la viande, le vin, des légumes, des épiceries, en assurant en même temps la bonne qualité de ces denrées. Mais ces tentatives, bien qu'ayant produit quelques bons résultats, ont en définitive peu réussi, et ont dû être successivement abandonnées, devant les difficultés qui se sont produites. Peut-être y aurait-il lieu de les reprendre si l'œuvre devenait plus nombreuse et surtout plus vigoureuse.

En ce qui concerne la bibliothèque, la Conférence de Saint-Vincent-de-Paul a mis, dès le début à la disposition du Cercle la bibliothèque qu'elle avait fondée. Mais par suite de quelques négligences, des livres se sont égarés, la bibliothèque n'a pas été entretenue et renouvelée; aussi l'attrait de la nouveauté lui faisait-il complètement défaut. Peut-être est-ce pour cela qu'elle n'était guère plus consultée. Le Cercle s'occupe en ce moment de la reconstituer. Ses membres ont toujours eu d'ailleurs à leur disposition des publications périodiques et des journaux chrétiens, sans distinction d'opinions politiques.

On a essayé aussi de donner quelques conférences littéraires ou scientifiques. Cette œuvre n'a pas trop réussi, soit à cause de la difficulté de trouver des conférenciers, soit parce que ceux qui avaient consenti à faire des conférences, ont été empêchés par leurs occupations de les renouveler, ou n'ont pas trouvé le secret d'intéresser suffisamment leurs auditeurs. C'est un *mea culpa* que je dois faire, au moins pour moi, qui ai été l'un de ces conférenciers.

Enfin relativement à la conférence de charité, il n'en a pas été créé dans le Cercle : mais la Conférence de

Saint-Vincent-de-Paul de **notre ville a** été heureuse d'ouvrir largement ses portes à tous les membres du Cercle qui ont voulu y entrer, et à l'heure où je vous parle, non seulement plusieurs membres du Cercle en font partie, mais le président du Cercle y occupe un poste d'honneur, il en est le zélé secrétaire.

Je ne voudrais pas trop prolonger ce rapport et abuser de votre bienveillante attention. Je dois cependant vous nommer au moins ceux qui, à des degrés divers, ont été pendant 25 ans, à la tête du Cercle ou du Comité.

Nous avons vu que M. de Stadieu avait remplacé M. de Martin père à la présidence du Comité en 1877. Tous ceux qui ont connu cet esprit sage, pondéré, ce ferme et pieux chrétien, homme de devoir avant tout, partageront les regrets que nous eûmes tous, lorsqu'après dix-huit mois de présidence, il donna sa démission, par suite d'affaires privées qui l'éloignaient trop souvent de Narbonne. Malgré mon insuffisance je fus appelé à lui succéder en laissant le secrétariat à des membres plus jeunes ou plus actifs, par conséquent pouvant mieux remplir ces fonctions de secrétaire, les plus importantes de l'œuvre.

J'eus pour successeur au secrétariat un jeune et intelligent commissaire de marine, esprit distingué qui ne fit que traverser l'œuvre, ayant été appelé bientôt à suivre sa carrière dans une autre cité.

M. de la Bigne fût remplacé par un jeune officier, beau-frère de l'amiral Lamothe, appartenant à une vieille famille narbonnaise, aussi distinguée par les qualités de l'esprit et du cœur que par la naissance, et dont le souvenir est demeuré cher à toutes les œuvres, le capitaine Louis de Lort, mort il y a deux ans colonel d'un régiment d'infanterie.

Trois ans après, en 1881, le capitaine de Lort était appelé à servir ailleurs son pays, et il cédait ses fonctions à M. Eugène Fil, déjà secrétaire de la Conférence de Saint-Vincent-de-Paul, à la fois artiste et poète, mais surtout un ferme et pieux chrétien. Venu un peu tard à nos convictions, il semblait vouloir réparer le temps perdu à force de zèle et de dévouement.

Mort en 1884, il a été remplacé par M. Joseph de Martin fils, le secrétaire actuel, qui, marchant sur les traces de son père est attaché à notre œuvre et son bienfaiteur depuis le premier jour.

En 1880 l'œuvre changeait encore d'aumônier. M. l'abbé Guillem appelé par la confiance de Mgr l'évêque au poste de secrétaire général de l'évêché, fut remplacé provisoirement par le R. P. Pierre, capucin, qui a laissé à Narbonne de si pieux souvenirs. En 1881, au mois de mai, Monseigneur toujours soucieux d'assurer la marche chrétienne de l'œuvre, lui donna comme aumônier M. l'abbé Lapeyre, qui exerça ces fonctions jusqu'en 1886 où il fut nommé curé de Portel. Il est aujourd'hui curé doyen de Caunes.

M. l'abbé Lapeyre avait trouvé le Cercle diminué en nombre : mais la vitalité chrétienne était plus grande parmi ceux qui avaient persévéré ; le 30 avril 1882, il pouvait annoncer au Comité que 23 patronnés sur 25 et 70 ouvriers sur 120, s'étaient approchés de la sainte Table, à l'occasion de l'Adoration ou des fêtes pascales.

Après le départ de M. Lapeyre, M. l'abbé Saunière

exerçait les fonctions d'aumônier pendant quelques mois, jusqu'à la nomination du R. P. Parazols, qui les a exercées pendant dix ans avec un zèle, une ardeur, une piété, un amour des âmes que personne n'a surpassés, toujours prêt à se donner et à se dépenser sans mesure. Il n'est que juste d'associer à sa mémoire, la mémoire de son pieux frère, le chanoine Parazols, bienfaiteur de notre œuvre, dont la générosité nous a permis d'orner plus dignement notre chapelle.

Le R. P. Parazols est mort au mois de novembre 1896. Quelques jours après Monseigneur appelait de nouveau à l'aumônerie du Cercle : M. l'abbé Saunière, qui a mis une seconde fois son talent d'orateur au service de notre œuvre.

En 1882, M. l'amiral Lamothe de retour à Narbonne avait repris la direction du Cercle. Il apporta de nouveau dans ces fonctions, cette ardeur, ce zèle, cette énergie, ce dévouement, cette flamme qui avaient caractérisé sa vie militaire. Marin héroïque, ardent patriote autant que fervent chrétien, il était convaincu que la France ne reprendrait son rang à la tête de la civilisation, que lorsqu'elle aurait reconquis la foi et les mœurs chrétiennes qui avaient fait autrefois sa grandeur. C'est sous l'empire de ces convictions qu'il se fit l'apôtre des ouvriers ses frères. Il avait soif de rendre au peuple la foi, que de haineux sectaires lui ont enlevée, bien persuadé qu'il servait encore la France aussi utilement, plus utilement peut-être qu'il ne l'avait servie autrefois sur les champs de bataille.

Malheureusement son âme enthousiaste, ardente et fière, ne pouvait s'accommoder des lenteurs et des fai-

blesses d'une œuvre naissante qui avait à lutter contre
l'hostilité plus ou moins déguisée des uns, contre
l'égoïsme et l'indifférence des autres. Il aurait voulu
conduire les ouvriers à la conquête de toutes les ver-
tus chrétiennes, comme il avait conduit autrefois ses
marins à l'assaut du Bourget. Ne pouvant réussir à
faire l'œuvre grande et forte qu'il avait rêvée, sous le
coup de chagrins intimes et d'une santé ébranlée qui
devait le conduire de bonne heure au tombeau, il se
retira et céda une seconde fois sa place à M. le comte
de Beauxhostes, qui continue à diriger le Cercle avec
une persévérance que rien ne peut ni lasser ni décou-
rager. Vous parlerai-je de son zèle et de son dévouement ? Il ne me le permettrait pas !

Quant à la présidence du Cercle, elle échut à la mort
de M. Carme, à M. François Jean. J'ai dit ce qu'avait
été M. Carme : je puis dire que M. François Jean fut
son digne successeur. Même zèle, même dévouement,
même attachement à tous ses devoirs, même simplicité
dans leur accomplissement. Les ouvriers du Cercle et
les membres du conseil intérieur vous diraient mieux
que moi ce qu'il fut vis-à-vis de ses frères. Ce que je
sais, c'est que s'il avait sur ses lèvres des paroles qui
trouvaient le chemin de leur cœur, il savait surtout
prêcher d'exemple. Aussi notre aumônier a-t-il pu, sans
trahir la vérité, faire de cet homme simple, un panégy-
rique aussi élogieux qu'éloquent.

M. François Jean mourut au mois de novembre 1898,
et fût remplacé par M. Trouquet, le promoteur et l'or-
ganisateur zélé de la fête d'aujourd'hui, qui marche
avec fermeté dans la voie tracée par ses prédécesseurs.

J'ai dû me borner à nommer ceux que leurs fonctions ont appelés à la tête de l'œuvre. Aller plus loin m'eût entraîné à dépasser beaucoup trop les limites de ce rapport. — Il est certain toutefois qu'il y a eu dans le Cercle ou le conseil intérieur bien des hommes, demeurés cachés dans leur modestie qui auraient mérité une mention spéciale, et qui pourraient être présentés pour modèles aux ouvriers ou aux membres du Comité.—Il en est un cependant pour qui je crois devoir sortir de cette réserve ; je veux parler de M. Anglade, que la mort nous a enlevé il y a quelques mois. Cet homme, simple recouvreur à la société générale, avait la passion de l'apostolat. Comme M. François Jean, il prêchait d'abord par son exemple, assidu tous les dimanches à la sainte Table ; mais cela ne lui suffisait pas, et chaque année à l'approche de Pàques, il trouvait dans son cœur des supplications pressantes et des accents enflammés pour amener à l'Eucharistie, les ouvriers ses frères.

J'ai nommé plusieurs fois le Patronage dans ce rapport. Le Cercle et le Patronage abrités sous le même toit, ayant le même aumônier, la même chapelle, la même salle de fêtes, le même Comité, devaient avoir de nombreux points de contact, et le Patronage était appelé à fournir au Cercle ses meilleurs éléments. Le Patronage avait même précédé le Cercle, mais sous l'empire de circonstances dont j'ai perdu le souvenir, il avait cessé d'exister ou du moins n'avait qu'une vie précaire. C'est au mois de février 1878 qu'il fut reconstitué. Depuis lors il n'a cessé de grandir et de prospérer, et de nous donner les plus vives consolations et les plus fermes espérances.

C'est surtout sous le P. Parazols qu'il a pris un essort inespéré. Le P. Parazols, comme toutes les âmes pures, avait l'amour de la jeunesse et il savait s'en faire aimer. Sous les glaces de l'âge il avait conservé cette chaleur d'âme et cette tendresse de cœur dont l'apôtre saint Jean est l'inimitable modèle. Secondé par des fils aussi dévoués qu'habiles de Saint-Jean-Baptiste de la Salle, et par des jeunes gens d'élite d'une haute valeur morale, il conduisit le Patronage dans les voies les plus chrétiennes. Aujourd'hui la vie surnaturelle y circule avec une abondance qui fait notre joie et notre admiration. Ces jeunes gens ont quelquefois la bonté de m'admettre dans leurs réunions privées, et j'en suis toujours sorti aussi édifié que charmé.

Chaque année quelques-uns d'entr'eux sont appelés à servir le pays. Sous l'uniforme ils ont su conserver leurs convictions, et les faire respecter sans forfanterie comme sans faiblesse; et après avoir payé leur dette à la patrie, ils nous sont revenus fidèles à la foi de leur enfance.

Le Patronage a aussi sa bannière que nos jeunes gens ont porté fièrement à Lourdes, où ils ont été, je le sais, l'édification de tous ceux qui les ont vus. Il a aussi pris part à plusieurs pélerinages à Rome. En 1888, je me trouvais à l'audience du Vatican à côté du délégué du patronage. Je n'oublierai jamais avec quelle paternelle bonté il fut accueilli par le Souverain Pontife, et comment Léon XIII, de cette main devant laquelle s'incline le monde, caressait ce jeune homme comme un père, ou plutôt comme un aïeul, qui réserve ses plus intimes tendresses aux derniers venus de la famille.

C'est encore le Patronage qui apporte à nos fêtes à la fois une solennité et un élément de gaité que nous ne pourrions lui donner.

Enfin, comme président de la Conférence de Saint-Vincent-de-Paul, je ne puis oublier qu'il est la pépinière où elle a son plus nombreux recrutement. Ces jeunes gens apportent à notre œuvre cette ardeur de charité que nos fronts dépouillés ou nos cheveux blanchis ne connaissent plus ; et c'est grâce à eux que la Conférence pourra célébrer l'année prochaine ses noces d'or.

Pendant dix ans, le Cercle n'eut pour chapelle qu'une salle étroite et basse, comme il convenait à une œuvre en quelque sorte à l'état de germination. Ce n'est qu'en 1885 que fut inaugurée la nouvelle chapelle, dans laquelle j'ai l'honneur de porter la parole. Mgr Billard fidèle aux traditions de son vénéré prédécesseur, voulut à cette occasion nous donner une marque spéciale de sa bienveillance affectueuse, et nous apporter lui-même sa bénédiction épiscopale. Nous lui en garderons toujours un souvenir reconnaissant.

Nous espérions alors qu'après cette longue germination, l'œuvre aurait une floraison brillante, dont la nouvelle chapelle nous paraissait le gracieux symbole. Mais l'homme ennemi dont parle l'évangile était venu, il avait semé l'ivraie à pleines mains ; et si l'ivraie n'a pas étouffé la moisson, du moins elle l'a diminuée, et nos espérances n'ont été qu'à demi réalisées.

Avant de terminer j'ai un devoir pieux à remplir. Depuis 25 ans, combien sont tombés sur la route appartenant à toutes les branches de l'œuvre, cercle, comité, dames patronesses, bienfaiteurs et patronage. Les uns sont tombés pleins de jours et d'œuvres, d'autres sont tombés au midi de leur vie, lorsqu'ils paraissaient encore prêts à fournir une longue et féconde carrière, d'autres enfin ont été fauchés dès l'aurore, comme ces jeunes plantes qui n'ont encore donné que des fleurs. Nous gardons à toutes ces âmes, qui nous furent si chères, le plus fidèle souvenir.

Beati mortui, dit l'Écriture, *qui in Domino moriuntur*. Bienheureux les morts qui meurent dans le Seigneur, car leurs œuvres les suivent : *Opera illorum sequuntur illos*. Nous espérons bien que nos œuvres, si modestes qu'elles soient, ont accompagné ces âmes dans leur ascension vers Dieu et les ont suivies devant le souverain juge. Toutefois cette espérance ne doit pas nous faire oublier que le souvenir des chrétiens est surtout une prière. Aussi la journée de dimanche prochain toute entière sera-t-elle consacrée à ces morts qui tiennent une si large place dans nos cœurs. Le matin, le Saint-Sacrifice sera offert à leur intention, à 8 heures, dans la chapelle du Cercle, et le soir à 5 heures, dans la même chapelle on fera pour eux les solennelles prières des défunts. Vous êtes tous invités à y assister.

J'ai fini, Messieurs, j'ai esquissé aussi rapidement que je l'ai pu, l'histoire de notre œuvre pendant 25 ans. Peut-être, comme je le craignais, ai-je un peu abusé de votre bienveillance. Mais 25 ans c'est une longue route à parcourir, et je devais nécessairement m'arrêter aux diverses étapes qui ont marqué la vie de nos œuvres pendant ce quart de siècle.

Il ne me reste plus qu'à conclure et à formuler nos résolutions.

Je vous ai dit d'abord le **programme** de l'œuvre, **telle que** l'avaient conçue l'intelligence et le cœur de nos fondateurs. Ce programme a-t-il été réalisé complètement? Après l'examen de conscience que nous venons de faire ensemble, il serait téméraire de l'affirmer. Cela tient à des causes multiples et diverses.

Et d'abord la classe dirigeante. Elle est venue au début, animée des meilleures intentions. Cinquante membres environ avaient répondu à notre appel : sur ce nombre Dieu en a appelé à lui plus de la moitié, d'autres ont quitté notre ville, enfin le découragement s'est emparé de quelques-uns, les bonnes volontés se sont lassées, les vides n'ont pas été comblés; et malgré le zèle et le dévouement infatigables des secrétaires de zône et de division, il n'est resté que le très petit nombre, qui a dû se borner à assurer la marche du Cercle au point de vue matériel.

Il faut d'ailleurs le reconnaître, nos fondateurs, dans leur zèle ardent, dans leur dévouement sans bornes, eux qui ne reculaient devant aucun obstacle, qui ne connaissaient point d'impossibilités, ont été un peu ambitieux. — Pour organiser l'œuvre, telle qu'ils l'avaient conçue, il eût fallu, dans chaque ville grande ou petite, tout un état-major d'hommes intelligents, dévoués, ayant beaucoup de loisirs, pour composer les quatre sections de propagande, de fondation, de finances et d'enseignement, avec leurs présidents et leurs secrétaires, leurs réunions et leurs rapports hebdomadaires, sans préjudice des réunions du Comité tout entier et des correspondances avec les secrétaires de zone et de division.

C'était trop demander, et plusieurs, parce qu'on leur demandait trop, n'ont rien donné du tout et se sont retirés. Ce danger s'était déjà manifesté au congrès de Toulouse : et je crois encore entendre le bon abbé Cros, alors curé de Montréal, mort depuis vicaire général. On lui reprochait de ne pas avoir établi tous ces rouages compliqués dans le cercle qu'il dirigeait dans sa petite paroisse, et je crois l'entendre répondre avec une bonhomie pleine de finesse : Messieurs, on fait ce que l'on peut, on ne fait pas ce que l'on veut.

D'ailleurs les vicissitudes politiques allaient porter un coup funeste à l'action de la classe dirigeante. Une opposition violente aux œuvres catholiques se manifestait de plus en plus dans les régions gouvernementales. Nous avons vu siéger dans nos rangs au début de l'œuvre un magistrat, le maire de la cité, un contre-amiral, un commissaire de marine, deux officiers de notre garnison, un receveur des finances. La franc-maçonnerie n'avait pas encore étendu ses délations et ses proscriptions sur toutes les forces vives du pays. Quel est aujourd'hui le magistrat, le soldat, le fonctionnaire quelconque, qui oserait venir s'asseoir au milieu de nous ? Sa carrière serait immédiatement brisée. Nos Comités ont ainsi été privés de ceux qui leur apportaient tant d'éléments de lumière et d'intelligence, et mettaient à notre service tant de force et d'activité. Nous pouvons dire, sans exagération, que nos comités, ont été comme décapités, par ces odieuses proscriptions.

Les ouvriers, de leur côté, ont eu à lutter contre les mêmes oppositions, et contre les mêmes ennemis.

Depuis la fondation du Cercle, l'administration muni-
cipale qui exerce une si grande influence, et a tant de
force et de faveurs à sa disposition, nous a été presque
toujours hostile. Pour les enfants du peuple auxquels
les parents veulent faire donner un enseignement chrétien, aucun de ces secours que l'on prodigue aux écoles
sans Dieu. Les familles chrétiennes sont traitées en
parias, j'ai déjà dit les persécutions des patrons sectaires, les railleries ou les sarcasmes de l'atelier ou du
chantier. En présence de ces hostilités, nous pouvons
dire qu'il faut à beaucoup de nos ouvriers un véritable
héroïsme pour avoir le courage de franchir le seuil de
notre chapelle, et je ne leur marchande pas le tribut
de mon admiration.

Enfin, dans leur soif ardente d'apostolat, nos fondateurs n'avaient pas tenu assez compte d'un facteur
important, le temps : et il semble que Dieu, qui a l'éternité à sa disposition, ne veut rien faire sans le concours
du temps.

Voilà, à mon avis, les divers motifs qui ont empêché
l'œuvre de donner tous les résultats qu'on avait espérés.
Mais parce que le programme primitif n'a pu être réalisé, est-ce à dire que nous n'avons rien fait et que nous
n'ayons qu'à regretter nos fatigues et nos efforts ? Loin
de moi, une parole qui n'irait qu'à semer le découragement, la grande plaie des œuvres les meilleures.

Dans des temps où l'impiété et l'immoralité coulent
partout à pleins bords, nous avons donné à nos ouvriers
un centre où ils respirent une atmosphère chrétienne,
où ils peuvent nouer des amitiés qui seront pour eux
une lumière et une force, se soutenant et s'édifiant

mutuellement ; nous avons mis à leur disposition des salles où ils peuvent prendre des distractions honnêtes, faire de saines lectures, recevoir des enseignements, sans avoir à craindre pour leur foi et leurs mœurs ; une chapelle qui leur offre toutes les facilités pour l'accomplissement de leurs devoirs religieux.

Nous avons établi entre les ouvriers, le directeur, l'aumônier, le comité, ces liens affectueux qui amènent la paix sociale.

Ainsi donc pas de découragement, mais resaisissons-nous tous, et prenons la résolution virile de marcher en avant, d'aller plus loin et plus haut. Ce n'est pas au moment où la lutte devient plus ardente que nous devons déserter le poste où la providence nous a placés. Là où l'on prêche l'antagonisme et la discorde, nous prêcherons la concorde et l'union, là où l'on sème la haine, nous sèmerons l'amour.

Et lorsqu'au nom de je ne sais quelles doctrines humanitaires et cosmopolites, on veut détruire l'idée de patrie, nous restaurerons cette idée dans les âmes.

Nous voudrions faire aimer et servir une grande patrie qui s'appelle la France, comme nous voudrions faire aimer et servir cette grande patrie des âmes, qui s'appelle l'Église catholique. Et si nous avons l'ambition de faire des Chrétiens, nous avons au même degré l'ambition de faire des Français. Ah ! nous voudrions inspirer à tous un amour ardent de la patrie humiliée et vaincue, et faire de cet amour un ciment, qui nous unirait tous au moment du danger, dans une pensée commune de dévouement et de sacrifice.

Vous savez la légende de Curtius.

Un gouffre profond s'était ouvert au milieu de Rome, et menaçait de l'engloutir. L'oracle consulté déclara que le danger ne serait conjuré pour la cité que par le dévouement d'un de ses enfants. Un jeune chevalier, Curtius, se présenta ; il se précipita dans l'abîme avec son cheval et ses armes ; le gouffre se referma, et Rome fût sauvée.

Nous aussi à cette heure lourde et douteuse, nous voyons ouvert devant nous un profond abîme creusé par les passions sectaires, où peuvent s'engloutir demain l'honneur et la fortune de la France.

A nous, Messieurs, à vous aussi Mesdames, de nous jeter résolûment dans ce gouffre, avec nos armes, c'est-à-dire avec tous les dévouements, avec toutes les abnégations, avec toutes les énergies de nos âmes, avec la charité la plus généreuse, avec l'amour de nos frères, et par dessus tout avec l'amour de Notre Seigneur Jésus-Christ.

Ah ! certes, nous n'avons pas la prétention, dans notre humble sphère, de sauver la France ; mais nous y aurons travaillé dans la mesure de nos forces. C'est tout ce que Dieu nous demande.

Mais que tous les catholiques s'unissent résolûment et courageusement dans ce même but. Alors la patrie sera sauvée, et nous verrons se lever à l'horizon du siècle nouveau, dont je salue l'aurore, cette croix lumineuse, emblême de l'œuvre des Cercles, qui fut autrefois le signal du triomphe des Chrétiens.

In hoc Signo vinces.